GEDICHTE
DIE EIN ESEL SCHRIEB

von

FRANZ HIRMER

GEDICHTE

DIE EIN ESEL SCHRIEB

oder

THE GLORY DAYS OF LARKFIELD
UND ANDERE VERBRECHEN

von

Franz Hirmer

Impressum

Bibliografische Information der Deutschen
Nationalbibliothek: Die Deutsche Nationalbibliothek
verzeichnet diese Publikation in der Deutschen
Nationalbibliografie; detaillierte bibliografische Daten sind
im Internet über
dnb.dnb.de abrufbar.

© 2023 Franz Hirmer
Herstellung und Verlag: BoD – Books on Demand,
Norderstedt
ISBN: 978-3-7562-2469-2

Inhaltsverzeichnis:

Gier und Neid ist ein

Mantel, den nur die Dummen tragen

Warum trägst du ihn?

Gewidmet
den unvergessenen
und unwiederbringlichen

GLORY DAYS OF LARKFIELD

und
Sandra und ihrer Familie

DIE ZEITLOSE, DER ESEL
UND DIE
UNGLAUBLICH SCHÖNEN GEDICHTE
DES HERRN FXH

AUS DEN JAHREN 2013 BIS 2022

Es begab sich zu einer Zeit, dass ein Mann einer Frau jeden Montagmorgen ein Gedicht schrieb.

Eine kleine Auswahl davon könnt ihr hier finden.

Er kam nach Hause und legte sich schlafen. Sie stand auf und ging zur Arbeit.

Er schrieb. Und sie las.

Lies mit uns die Montagsgedichte. Schmunzle und lach mit uns. Und denke an die wundervollen Stunden, die leider für immer verloren sind.

Für seine Freundin

Er nannte sie „Blume"

...und jetzt kommen...

Die Gedichte:

Sieben Sommer

Sieben Sommer mit dir verbracht
Sieben Sommer mit dir gelacht

Sieben Sommer mein Herz genommen
Ich will, dass tausend solche Sommer kommen

Wach auf!

Wach auf, mein Schatz, wach auf!
Du träumtest nicht vergebens

Auch dieser Tag wird wieder....
Der schönste unseres Lebens

Namenstag

Ein Knallfrosch und drei Gummihupen
Die aßen einst vier Erbsensup(p)en

Die Supp war dünn. Die Supp war dick
Der Knallfrosch, der war grün und schick

Die Gummihupen hupten laut
Ein jeder hat auf sie geschaut

Sie hupten süß und wundervoll
Sie hupten schön und das war toll

So das ein jeder wissen mag:
Das Blümchen hat heut Namenstag!

Der Bananenbaum

Drei Affen, ja das glaubt man kaum
Die stritten sich mal um ´nen Baum

Der Erste hat ihn nicht gegossen
Der Zweite hat auf ihn geschossen

Der Dritte hat vor Wut gebannt,
den Baum dann kurzerhand verbrannt

Da standen sie, die dummen Affen
Und konnten nur noch Asche gaffen

„Der Baum! Der Baum! Er gab uns Essen!"
„Der iss jetzt hin! Den kannst vergessen!"

„Wie dumm wir waren. Alle drei..."
„Das Essen. Schatten. Jetzt vorbei..."

Nach einer Woch. Man glaubt es kaum
Da kam was Grünes aus dem Baum

Ein Blatt. Und noch eins. Mann oh Mann
Der Baum... fing neu zu leben an

Er bestand das Feuer. Ohne Not
Und die drei Affen? Die sind tot...

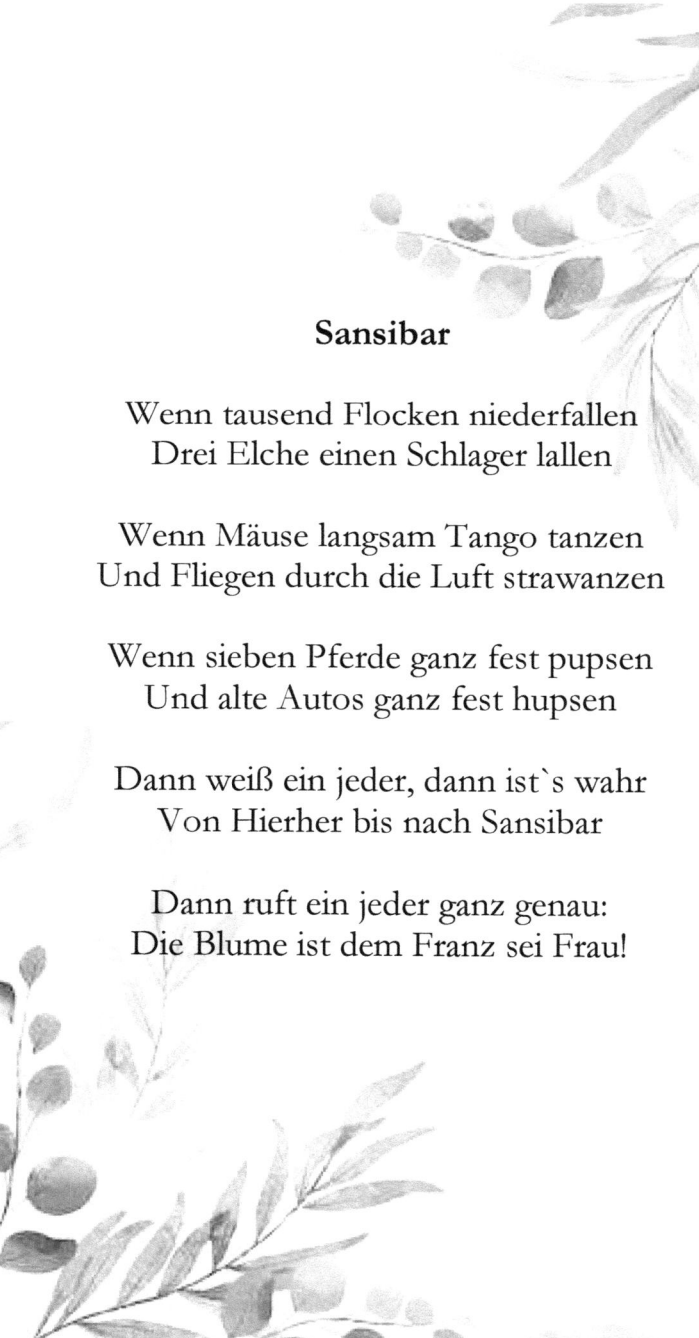

Sansibar

Wenn tausend Flocken niederfallen
Drei Elche einen Schlager lallen

Wenn Mäuse langsam Tango tanzen
Und Fliegen durch die Luft strawanzen

Wenn sieben Pferde ganz fest pupsen
Und alte Autos ganz fest hupsen

Dann weiß ein jeder, dann ist`s wahr
Von Hierher bis nach Sansibar

Dann ruft ein jeder ganz genau:
Die Blume ist dem Franz sei Frau!

Der Wind I

Der Wind geht allzeit über das Land
Und er sucht nach der Welt, die er gestern noch fand

Die Menschen so gierig, so dumm und gemein
Wie' s gestern noch war, so wird's nie wieder sein

Die Männer sie plärren. Nach Waffen und Krieg!
Die Dummen! So eitel! Und träumen vom Sieg

Die Weiber. Sie schreien. Voll Tränen und Not
Die Söhne zerfetzt. Erschossen und Tod

Der Wind… er geht allzeit über das Land
Und er sucht nach der Welt, die er gestern noch fand

Er sucht und er sucht. Doch es fällt ihm so schwer
Denn die Welt von gestern…

Die gibt es nicht mehr...

Der Wind II

Da sprach der Vogel einst zum Wind:
Wer ist denn das? Das schöne Kind?

Die Augen hell, so schön und klar
Ihr Mund so süß, es ist kaum wahr

Die Form, die sie so an sich trägt
So heiß, dass mir das Herz hoch schlägt

Die Stimm, das Haar, es ist verrückt!
Ich bin von dieser Frau entzückt!

Sag mir, Herr Wind? Wer kann das sein?
Und wann wird sie dann endlich mein?

Der Wind der lacht und macht Grimassen
Er kann´s vor Lachen gar nicht fassen:

Du dummer Vogel reiß dich zamm
Die Blume ist´s! Sie hat schon einen Mann!

Den Franzelhuber! Rund und dick!
Der immer grinst... vor lauter Glück!

Gutemorgenbussi

Das „weil" Gedicht

Ich liebe dich, weil du hübsch bist!
Ich liebe dich, weil du Pfannkuchen machen kannst!
Ich liebe dich, weil du die beste Radfahrerin bist!
Ich liebe dich, weil du eine Stimme hast!
Ich liebe dich, weil du Pippi Langstrumpf bist!
Ich liebe dich, weil du am allerschönsten "ih ahh"
sagen kannst!
Ich liebe dich, weil du Sachen machst!
Ich liebe dich, weil du lustig bist!
Ich liebe dich, weil du hupfen kannst!
Ich liebe dich, wenn du lachst!
Ich liebe dich, wenn du verschlafen bist!
Ich liebe dich am Morgen!
Ich liebe dich in der Nacht!
Ich liebe dich, weil du einen superschönen
Haufenknuffel machen kannst!
Ich liebe dich, weil du mir immer wieder versprichst, dass
wir für immer zusammenbleiben!
Ich liebe dich, weil du ganz toll Augenschaun kannst!
Ich liebe dich, weil du weißt, wo hinten ist!
Ich liebe dich, weil du weißt, wo vorne ist!
Ich liebe dich, weil du so gut Autofahren kannst!
Ich liebe dich, weil du mal Winnetou und mal
Ribanna bist!
Ich liebe dich, weil du zuhören kannst!
Ich liebe dich, weil du so eine tolle Tochter bist!
Ich liebe dich, weil du so ´ne tolle Mama hast!
Ich liebe dich, weil du über alle Teller schaust!
Und ich liebe dich, weil du einfach nur mein Schatz bist!
Gutenmorgenbussi!

Klapperkuh

Ne spindeldürre Klapperkuh
Steht auf 'ner Wiese und macht „Muh!"

Da fliegt ein grüner Storch vorbei.
Und sagt zur Kuh „Oh mei oh mei"

Ein Murmel stupst sich um die Ecke
Und hüpft in eine Haselhecke

Die Kuh steht immer noch parat
Und mampft und kaut ein Blatt Salat

Doch plötzlich hupft der Franz vorbei
Und hupft ganz schnell zum Norden nei

Da hupft er eilig und nach Haus...
Iss ja klar! ... er will zu seiner süßen Maus!

Meine Seele brennt

Meine Seele brennt!
Mein Herz schlägt nur noch ab und zu

Eine Mauer will ich bauen!
Dahinter soll kein Licht mehr scheinen

Mein Freund wird eine Maske sein
Dahinter will ich weinen

Wie Stacheldraht, so werd´ ich sein
Niemand kann mich mehr berühren

Wie Klingen sind die Worte mein
Und keiner soll mich mehr verführen

Die Seele brennt!
Kein anderer kann mir seine geben

Erlöschen wird sie irgendwann
Und ich hör dann auf zu leben

Die Seele brennt!
Und stumm werd´ ich's ertragen

So wird ab jetzt mein Leben sein
Bis mein Herz hört auf zu schlagen…

Kiel?

Ein grünlich gelbes Krokodil
Das wollte mal in die Stadt Kiel

Da fragte es ein Nasenhorn
Das wohnte grad in Paderborn

Das Nasenhorn hat gleich gelacht
Und hat ´nen Sturzlbaum gemacht

Da blieb es unter Buchenhecken
Mit seinem Horn im Holze stecken

„Du dummes, dummes Krokodil
Kiel ist weit und viel zu viel"

„Rattenberg, das wär ein Ort der lohnt
Weil dort die süße Blume wohnt"

„Sie hat zwei Kurven wunderbar
Und schönes, braunes Strubbelhaar"

„Mit ihren Kurven dann und wann
Verzaubert sie den Franzelmann"

„Den tut sie um den Finger wickeln
Und manchmal bringt sie ihn zum prickeln"

„Glaub´s mir, Kroko, was ich sag:
Der Franz das Blümchen sehr fest mag"

„Drum geh dorthin und tu dein Werk
Geh nicht nach Kiel. Geh nach Rattenberg!"

Das Schnitzel

Kurze Haxn, nicht recht groß
Ich bin zu dick! Was mach ich bloß?

Den Bauch, den werd ich nie besiegen!
Ich werde mich jetzt auch nimmer wiegen!

Ob das was hilft? Bestimmt ein Krampf
Das kommt davon, weil ich so mampf

Mit essen... Ja! Da ist's jetzt aus!
Ab jetzt gibt's wenig, wie ´ne Maus!

Dann werde ich hopsa, eins, zwei, drei.
Ein dünner Franzelhuber sei

Und hupf voll Freud und voller Glück
Zu Blume hin. Zu ihr zurück

Sie schaut mich an und sagt: „Oh mei...“
„Wia konn denn sowos grod no sei?“

„Du bist ja dünner wia a Bizzl
Geh sitz de her. Du graigst a Schnitzl...“

Kinder

Weißt du noch, wie es einst war?
Du warst so klein, so wunderbar

Du hattest so viel Fragen
Ich habe dich getragen

Deine Augen sahen auf zu mir
Und ich, ich war so stolz dafür

Du nahmst mich mit auf Reisen
Und ich musste nichts beweisen

Die ganze Nacht an deinem Bett
Hab ich bei dir gesessen

Da hab ich viel gelernt von dir
Ich werd's dir nie vergessen

Doch wurdest du dann selbst ein Mann
Ich wollt es nicht verstehen

Hab alles nur kaputt gemacht
Konnt' dich nicht klar mehr sehen

Hast mich gerauft und ausgelacht
Ich will es kaum ertragen

Und ich, ich war so dumm dabei
Ich war zu schwach zu fragen

Heut sprichst du fast kein Wort mit mir
Für mich ist das wie sterben

Und ich… ich war zu dumm dafür
Und das war mein Verderben

Und heute, wenn du von mir gehst
Dann schau ich heimlich hinterher

Und sehne mich nach meinem Kind
Und sehne mich so sehr

Das ist mein Leben, ist mein Lohn
Kein Zeichen wirst du geben

Und doch bist du mein einziger Sohn
Den ich geliebt, mein ganzes Leben

(2008)

Hoppala!

Was mach ich nur? Mir fällt nix ein.
Das kann doch nicht so schwierig sein?

Vielleicht fang ich so dann und wann
Das Gedicht... mit lila Ochsen an?

Die singen und die Bratsche streichen....
Oder schreib ich lieber von zwei Eichen?

Die Blätter, groß wie Segel haben?
Oder lieber doch... von vierzehn Schwaben?

Ich weiß es nicht. Wie kann das sein?
Mir fällt heut das Gedicht nicht ein

Doch Hoppala! Was ist denn das?
Die letzten Zeilen sind doch was!

Sie reimen sich und das ist gut
So treibt mich frischer, neuer Mut

Und ich sag einfach Hoppala!
Die Wörter sind schon alle da!

Nur eines nicht und das wär schad:
Dass ich dich sehr, sehr gerne hab!

Gutemorgenbussi

Das "Liegenbleiber" - Gedicht

Ich bleib liegen, du stehst auf
So nimmt das Ganze seinen Lauf

Die Pflicht, sie ruft dich, wunderbar
Auch wenn die Nacht zu kurz nun war

Hab keine Angst, denn ich weiß den Rat
Und tue das, was ich immer tat

Ich schlafe einfach für dich weiter
Drumm komm, hupf aussa und sieh´s heiter

Und weißt du, was ich dir jetzt sag?
Gute Nacht! Und das ich dich sehr mag

Ode an meine Heizung

Ich lieg jetzt hier und träum recht nett
Und unter mir, da quietscht mein Bett

Meine Heizung, 30 Jahr im Haus
Die fliegt jetzt bald zum Fenster raus

Dabei hat mich mein alter „Schwarm"
Stets gut gehalten und auch warm

Und auch im größten Sturmgebraus:
Die "Alte" macht ein warmes Haus

Drum tief im Geiste sag ich mir:
Das Wahre ist' s! Bleib du bei mir!

Das Lerchenfeld ist überall

Als damals vor so langem Jahr
Die Demut noch ganz offen war

Da waren Menschen klein und fein
Da gab's Gelächter, Spiel und Wein

Da hat man sich noch zamm gesessen
Und reich und arm war bald vergessen

Doch dann kam sie, die Dekadenz
Ich glaub, vor zwanzig Jahr im Lenz

Hat neue Menschen mitgebracht
Und „Demut" wurde abgeschafft

Jetzt gelten nur noch Ellenbogen
Es wird gerauft, verkauft, gelogen

Der Spaß, das Lachen, wurd erklärt
Hat man im Gfängnis eingesperrt

Ein Russ mit am Gsicht wie Nudelsoß
Schickt Panzer und Raketen los

Ach Blümchen, Blümchen, sag es mir
Was wird aus uns? Was wird aus dir?

Was wird aus unserer kleinen Maus?
Wenn Lachen wohnt in keinem Haus?

Versprich mir Blümchen. Versprich´s
geschwind. Das wir für immer zammen
sind…

Das Sturzelbaum Gedicht

Ja sieh nur hin, man glaubt es kaum...
Drei Mäuse machen Sturzelbaum!

Zwei Hummeln sehen dabei zu
Und tanzen dann mit einer Kuh

Die Kuh hüpft weg, durch Blumenwiesen
Von drüben kommen jetzt zwölf Riesen

Die Riesen grummeln und sie Lachen
Sehn zu, wie Mäuse Blödsinn machen

Und alles dreht sich nur im Kreis
Bis dass am Ende niemand weiß

Wer eigentlich zuerst gelacht
Und den größten Blödsinn hat vollbracht

Doch weiß ich eines ganz genau:
Ich bin dein Mann. Und du... mei Frau!

Schlüpfer?

Drei Zwerge, die so fröhlich lachen
Weil sie ganz lustige Sachen machen

Ein Kuckuck, der, weil's einfach geht
Zwölf scharfe Pirouetten dreht

Zwei Hühner, die im leichten Schlüpfer
Zwei Hopser machen und ´nen Hüpfer

Ein Murmel, das Spaghetti kocht
Und viermal auf den Topf drauf pocht

Die alle wissen... wissen mehr:
Der Franz... der mag das Blümchen sehr

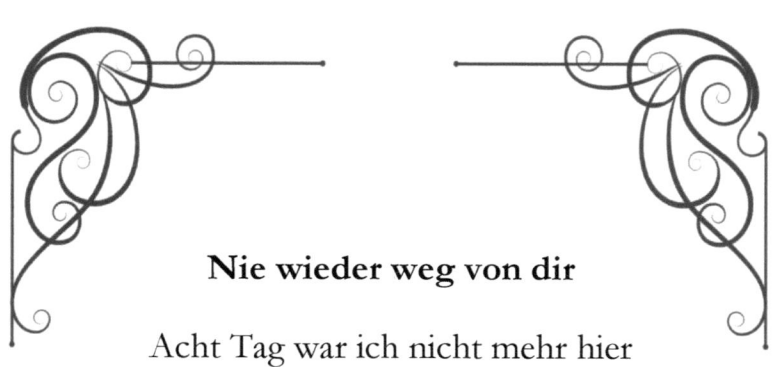

Nie wieder weg von dir

Acht Tag war ich nicht mehr hier
Will niemals wieder weg von dir

Ich will nicht fliegen, fahren, gehen
Bin froh, dass wir uns wiedersehn

Das Leben ohne dich ist fad
Ist farblos und auch immer staad

Camino, Weg und spanisch Bier…
Wirklich Leben… kann man nur mit dir!

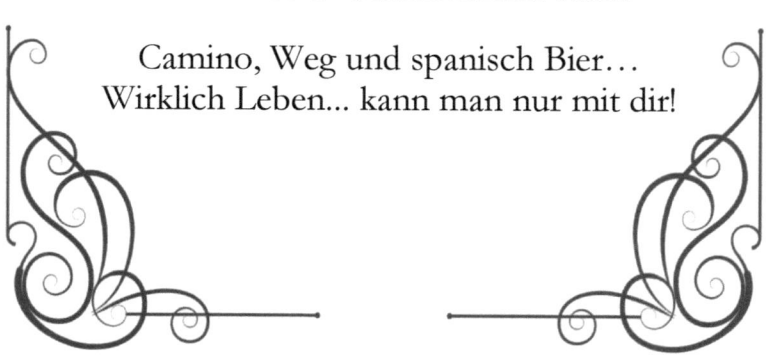

Die Gier

Die Gier ist ein Meister des Teufels
Und sie trägt ihre Frucht um die Welt

Und Gnade dir Gott und die Engel
Wenn ihr Blick, ihre Hand auf dich fällt

Sie zerstört was sie sieht und sie frisst dich wie Brot
Und sie wirft dich hinein, in Angst Pein und Not

Die Gier ist ein Meister des Teufels
Und sie trägt ihre Frucht um die Welt

Und sie mäht und sie mäht uns wie Schnitter
Bis einer von uns wieder fällt

Die Gier ist ein Meister des Teufels
Und sie trägt ihre Frucht um die Welt

Und Gnade dir Gott und die Engel
Wenn ihr Blick, ihre Hand auf dich fällt

Das Pferd

Ein Pferd und sieben Haselmäuse
Die saßen einst im Windgesäuse

Da sprach das Pferd mit festem Ton:
Die Liebe? Ach! Was ist das schon?

Die Mäuse aber riefen rum:
„Ach, Pferd, ach Pferd... was bist du dumm!

Die Liebe ist das größte hier!
Viel stärker noch, als Schnaps und Bier

So schau dir nur die beiden an!
Sie ist ´ne Frau. Und er ein Mann.

Sie lieben sich! Sind für sich da!
Das kannst du glauben, ja, ja, ja!

Sie mögen sich und halten zamm!
Ein wunderbares Leben lang!

Ja, schau nur, Pferd. Die zwei dort sans!
Die zwei! Die Blume...und der Franz!"

Stand by me

Dein Mann, der dicke mit dem Lachen
Der macht ja manchmal seltsam Sachen

Gedichte schreibt er ganz, ganz schön
Und lässt dir so den Tag angehen

Doch heute fällt´s ihm gar so schwer
Er denket hin... und denket her

Kann machen, tun und kommt nicht drauf
Das Schicksal nimmt heut seinen Lauf

So will er nicht mehr länger ringen
Und fängt jetzt an, für dich zu singen

Nun hör gut hin. Ja, freue dich
Denn dieses Lied… ist nur für dich:

https://drive.google.com/file/d/1VR-Zlg4ci683PsbwjMvpBVIHsbLydufh/view?usp=sharing

Hey, Schatz!

Drei Spatzen und ne kleine Maus
Die sagen: „Blümchen! Du musst raus!"

Komm hupf mit uns im Vierteltakt
Mal in Hosen. Mal ganz nackt

Dann tanzt du in das Bad hinein
Machst dir da drin die Haare fein

Ein Schluck Kaffee, Brot sowieso
Dann musst du gehen… in dein Büro

Bohnenstrauch und Apfelkern
Wir wissen doch… das machst du gern

Dein Freund indes, so hin und wieder
Legt sich jetzt mal zum Schlafen nieder

Er sagt dem Blümchen, wie es ist:
Hey Schatz... sagt er... Ich liebe dich!

Das Gedicht vom Hüpfen

Hüpfen ist ´ne schöne Sache
Die ich manchmal gerne mache

Wenn Weiber hüpfen, dann und wann
Da freut sich auch der beste Mann

Wenn du dann hüpfst, das freut mich so
Du hüpfst nicht weit, nur ins Büro

Drum hüpf nur, Kleine, hüpf hinaus!
Und bring ein bisschen Geld ins Haus

Hüpf raus, aus deinem Wonnebett
So bitt ich dich, ach, sei so nett

Den Kaffee kannst du gern noch zuzeln
Dann musst ins Büro hin wuzeln

Da sitzt du dann auf deim Gestühl
Durchfährt dich wohl ein leicht Gefühl

Denn weißt du doch, ganz sicherlich:
Der mit dir hüpft... der liebt nur dich!

43

Gummibäääären Gedicht

Zwei Enten und ein Gummibär
Die hüpften einmal hin und her

Sie hüpften weit, sie hüpften nah
Und sangen dabei „Tralala"

Was sind wir froh und auch so fein
Wer kann denn heut noch froher sein?

Da sprach der Franzl ganz verzückt:
„Ich bin´s, der das Glück heut drückt!"

„Denn heut, an diesem schönen Tag
Treff ich die Frau, die ich so mag"

„Denn eines weiß ich ganz gewiss:
Du, Blümchen! Ja! Ich lieb nur dich!"

Der Nasenbär

Gestern... So um halbe viere...
Da sah ich doch zwei Murmeltiere

Die sind gehüpft. Eins groß, zwei klein
Aus meinem Kopf. In d´ Welt hinein

Dann kam ein Nasenbär geflogen
Und der war knallbunt angezogen

„Ihr Tiere!" sagt er... „Mann, oh Mann."
„Die beiden dort... Die gehören zamm"

„Der Franz ist albern. Sie ist frech
Die pappen zamm wie Schwefelpech"

„Sie kann gut küssen. Und er auch.
Bei denen kribbelt´s noch im Bauch"

Wenn er sie schaut, das glaube ich
Dann sagt er nur: „Ich liebe dich!"

Acht Jahre

Acht Jahre lang getanzt, gelacht
Viel Blödsinn und auch Spaß gemacht

Gläser voll mit Wein getrunken
Augen gschaut. In dir versunken

Umarmt, geküsst und lieb gehabt
An wahrer Freundschaft sich gelabt

Geradelt, gflong und noch viel mehr
Vergessen tu ich´s nimmer mehr

Mensch, Blümchen! Acht Jahre samma zamm
Acht Jahre samma Frau und Mann

Acht Jahre. Trotzdem ist es wahr:
Es ist, als wär's das erste Jahr

So tief und neu bist du für mich
Ach, Blümchen... Mensch... ich liebe dich!

Erbsenbrei und Hühnersuppe

Erbsenbrei und Hühnersuppe
Die Blume ist ne süße Puppe

Die Haxen sind so fesch und lang
Das „Mann" es gar nicht glauben kann

Zwei hübsche Backen, rund und licht
Ich mein natürlich... die vom Gsicht

Gern möcht ich mit der Kleinen schmusen
Sie hat ´nen wunderschönen... äh... Mund

Dicht ich noch mehr, so glaube üch
Das ich bald komm, in Teufels Küch´

Drum ist jetzt Schluss mit Dichterei
Trotz Hühnersupp und Erbsenbrei!

Hör, was aus dem Herzen spricht:
Du Blümchen! Jaaa! Ich lieb nur dich!

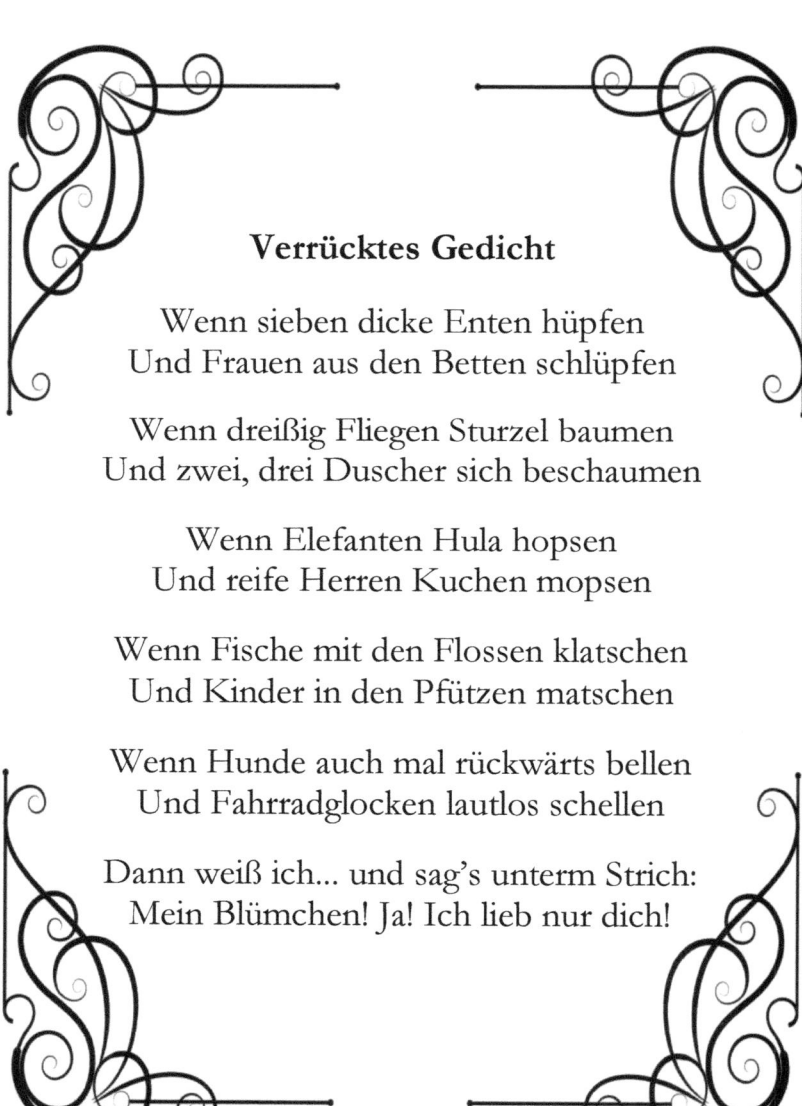

Verrücktes Gedicht

Wenn sieben dicke Enten hüpfen
Und Frauen aus den Betten schlüpfen

Wenn dreißig Fliegen Sturzel baumen
Und zwei, drei Duscher sich beschaumen

Wenn Elefanten Hula hopsen
Und reife Herren Kuchen mopsen

Wenn Fische mit den Flossen klatschen
Und Kinder in den Pfützen matschen

Wenn Hunde auch mal rückwärts bellen
Und Fahrradglocken lautlos schellen

Dann weiß ich... und sag's unterm Strich:
Mein Blümchen! Ja! Ich lieb nur dich!

Das Esel Gedicht

Du süße Frau. Du schaust mich an
Und sagst, ich wär ein „junger Mann" ?

Ein Kompliment willst du mir machen?
Doch kann ich nur darüber lachen

Ein alter Esel bin ich
Grau und stumpf

Ein alter Hut...
Ein „Faltenschlumpf"

Doch in mir drin. Und sicher wahr
Da bin ich manchmal erst zwölf Jahr

Da schlägt mein Herz so jung und frei
Ein Herz, so jung, wie deines sei

Und fragt uns einer, wie das geht?
Wie man so jung zum Alter steht?

Da sag ich: Komm, und schau uns an.
Sie ist ne Frau. Und ich ihr Mann

Zwei Herzen, ja, die lieben sich:
Meins schlägt für dich. Und deins für mich

Gutemorgenbussi

Thank you for my Life - Gedicht

I was born in sixty-fife, in a hard and snowy
Night

The Wind was blown all through the Snow,
my Mama had to cry

A Sun is shine for a everyone, for me it´s only
cold

The a Times are tough, I'm working hard. I
only nine years old

My Father was a mighty man, we never had to
cry

In a Summer, that I was twelve years old, my
mother is going to die

Time of Life you running down,it´s running
still like Sand

Coming down and over me, my Soul is in your
Hand

With sixteen have a Coming down, I'm only
want to die

Kneeling at my mother's grave, had a sixty
days to cry

My son was born in a ninety – two. I had
flowers in my Head

Two years later a harder time, my father is
going is to dead

Time of Life you running down, your running
still like Sand

Coming down and over me, my Soul is in your
Hand

As I was fifty years a Woman came, and took
my heart away

I found my Love, I found my Home, I only
have to stay

And if I going once to die, to Hell so I will
drive

Thank you Women for this Year's.
Thank you for my Life

Well if I going once to die, to Hell so I will
drive

Thank you, Women. For this Years. Thank
you for my Life

Friseurgedicht

Ein Wort auf Seite hundertzehn
Das möcht´ drei Seiten weiter gehen

Denn dort, an diesem schönen Ort
Da wartet schon ein weiblich Wort

Die beiden schauen, grinsen, küssen
Und wissen, dass sie sich lieben müssen

Sind glücklich und sie tun frohlocken
Und machen sich dann von den Socken

Die anderen Wörter, groß und klein
Die wollen auch wie diese sein

Sie hüpfen, jauchzen, tollen…
Im Buch herum… im vollen

Und denken nicht einmal daran
Das man das Buch jetzt nicht mehr lesen kann

Doch den Wörtern ist's nicht schlimm
Sie schauen auf uns beide hin

Sie schauen und sie wundern sich
Und sagen sich dann sicherlich:

Was ist denn das? Wie kann es sein?
Der Franz…der liebt nur sie allein!

Na, iss das schön. Und iss doch klar!
Weil das Blümchen… die hat heut neue Haar!

Das „alte Hut" Gedicht

Ein Pferd, es hüpft an mir vorbei
Drei Frösche singen „Dudeldei"

Ein Esel mit ´ner alten Hose
Ein Kühlschrank, weiß, mit Hüftarthrose

Sechs Zacken von ´nem alten Hut
Der keinem was zuleide tut

Ein Bier, geöffnet, es zu trinken
Drei Krabben, die herüber winken

Ein Traktor, der macht: „Puff, Puff, Puff"
Ein Häuptling, der sagt:: „Uff, Uff, Uff"

Zwölf Hühner in der Straßenbahn
Ein Clown mit einem Wasserhahn

Sie wissen alle sicherlich:
Der Franzl, ja der... der liebt nur dich!

Gutemorgenbussi

Das Superfrau Gedicht

Sieben alte Hefezöpfe
Ein Strohsack und zwei Schnellkochtöpfe

Ein Luftballon, der Arien singt
Ein Zwerg, der mit ´ner Henne ringt

Zwei Semmeln und ´ne Lederhose
Ein Kochtopf und ´ne Farbsprühdose

Die liefen mir mal hinterher
Und fragten mich, ja bitte sehr:

Wo geht denn deine Liebste hin?
Im Bettchen ist sie nimmer drin?

Ich sprach: Das glaub ich sowieso
Die Süße muss heute ins Büro

Muss Zahlen und auch Wörter drehen
Darf erst um zwölf nach Hause gehen

Der Chef, der find´ das wunderbar
Das Blümchen nicht. Das iss doch klar...

Zum Schluss, da will ich euch noch sagen:
Will fröhlich sein und niemals klagen

Denn eines weiß ich ganz genau:
Das Blümchen ist mei Superfrau!

Noch mehr Fragen?

Ist ein Raumschiff, das ausschließlich mit Frauen besetzt ist, eigentlich unbemannt?

Und wie lange muss eine Katze trainieren, um einen Muskelkater zu bekommen?

Gibt es in einer Teefabrik auch mal eine Kaffeepause?

Und... wenn Schwimmen schlank macht, was machen dann die Blauwale falsch?

Wenn ein Schäfer seine Schafe verhaut, ist er dann ein Mähdrescher?

Warum werden Rundschreiben immer in einem eckigen Umschlag verschickt?

Und warum ist ein Kreiskrankenhaus nicht rund?

Geht der Meeresspiegel kaputt, wenn man in See sticht?

Wenn Katholiken auf eine Demonstration gehen, sind es dann Protestanten?

Wenn jemand in Lüneburg aus der Kirche austritt, ist er dann ein Lüneburger Heide?

Gutemoooorgenbuuussi!

Saus und Braus in unserem Haus

Endlich musst du wieder ran
So das ich dir jetzt schreiben kann

Es ist noch früh. Der Tag anbricht
Doch jetzt bekommst du: Ein Gedicht

Sei gewahr, Frau „kleine Laus"
Mein Lieb zu dir ist niemals aus

Ich werd´ dich hutscheln, werd´ dich drücken
Meist von vorn. Doch auch vom Rücken

Ich bleib bei dir, dass du´s verstehst
Solang du in die Arbeit gehst

So bringst du mir ein Geld nach Haus
Und wir leben dann in Saus und Braus

Drum hupf jetzt aussa, aber fix
Denn ohne Geld iss alles nix

Ich lieb dich Bussi und bin still...
Weil ich jetzt endlich schlafen will

Arbeitstag

Allerliebstes Blümchen
Steh auf und iss koi Krümchen

Iss lieber einen Käs
Der ist gut für dein Gesäß

Du wirst es heute brauchen
Der Kopf wird dir noch rauchen

Denn heute musst du ins Büro
Das macht dich traurig und auch froh

Drum steh jetzt auf und zieh dich an
So das man dich mal schauen kann

Und ist die Arbeit hart und schwer
So denk daran gleich nimmermehr

Denk an Spanien und an mich
Denn weißt du... Ja! Ich liebe dich

Gutenmoooooorgenbussi!
Aufsteeeeeeeehn!
Raushupfen!
Kaffeeezuzeln!
Und dann.... ab ins Büro!

Heut ist dein erster Arbeitstag!

57

Das wundervolle Gedicht

Auf einer Burg, da fing es an
Du bist ein Weib. Und ich ein Mann

Ich hab nicht lange rum gemacht
Hab dich geküsst. Du hast gelacht

Und gleich, da ging´s mit Schmusen weiter
Und plötzlich war das Leben heiter

Doch erst nach über einem Jahr
Wurd unsere Liebe wirklich wahr

Davor ham wir´s uns nie gesagt
Ham uns darüber nie gewagt

Doch irgendwann, da musst es sein
Da sprach ich dir ins Ohr hinein:

„Du liebes Mädchen. Du bist toll
Ich liebe dich. Bist wundervoll"

Sieben Jahre gingen durch das Land
Ich danke Gott, dass ich dich fand

Und so wie damals, weiß genau
Du bist für mich. Die Überfrau

Und so wie damals. Sag ich dir zu:
Ich liebe dich. Und jetzt... gib Ruh

No oamoi mid dir Lem

No oamoi üba d Wiesn laufa
Mit dir em Arm as Lem aussaufa

No oamoi dir ens Gsicht nei schaun
No oamoi mit dir Träume baun

No oamoi deinen Mund berührn
No oamoi deine Küsse gspürn

No oamoi en deim Arm eischlaffa
No oamoi auf an Berg nauf schaffa

No oamoi mit dir ewig lem
I deng, es kannt nix scheenas gem

Hohoho!

Welch Glück,
oh Mann oh Mann...
Dass ich mich jetzt hin-legen kann...

Du musst hupfen
Ist doch klar
War´s auch im Bett so wunderbar

Du musst dich anziehen
Und musst raus
In Regen, Wind, ja welch ein Graus

Du musst gehn
In dein Büro
Und ich werd´ schlafen… Hohoho!

Ich will dir sagen
Es ist wahr
Schlafen, das ist wunderbar

Dreimal hin
Und dreimal her
Und jetzt ist Ruh… ich lieb dich sehr

Wer ko, der ko

Die Sonne gelb. Der Himmel blau
Das eine weiß ich ganz genau:

Die Blume muss jetzt aussa hupfen
Und sich im Bad die Haare rupfen

Dann putzt sie Zähne sowieso
Und läuft dann rüber, ins Büro

Da muss sie Worte, Zahlen drehen
Und darf erst Mittag wieder gehen

Du armes Blümlein schau mich an:
Ich hupf ins Bett. Wer kann...der kann!

Ach, Blümchen

Ich weiß nur eins und so schaut's aus!
Das Blümchen muss zum Bettchen raus!

Wer da jetzt grinst und Späße macht?
Wer sich da freut und lauthals lacht?

Der Franzl ist's! Der dicke Mann!
Das Grinsen nimmer halten kann!

Er ruft nach Norden, Graus, oh Graus!
„Hey, Blümchen! Gleich musst du hinaus!"

„Musst ummi hupfen ins Büro
Zu deinen Zahlen, sowieso"

„Doch eins, das weiß ich ganz gewiss:
Ach, Blümchen! Jaaa! Ich liebe dich!"

Kopfstand

Drei Gurken auf der Semmel liegen
Zwei Dackel übern Schornstein fliegen

Ein Huhn, das einen Kopfstand macht
Ein Ferkel, das darüber lacht

Ein Bauer, der mit Holzschuh tanzt
Ein Elch, der einen Baum einpflanzt

Ein Autoreifen. Mag nicht rollen
Zwei Flöhe, die durch Haare tollen

All jene, ja, die schauen zu.
Wie wir uns küssen. Ich und du

Weil eines wiss ma ganz genau:
Ich bin dei Mann… und du…mei Frau!

Du schaffst das!

Vor Freude könnte ich fast flennen
Weil du jetzt musst zur Arbeit rennen

Musst dich fest ärgern, allesamt
Mit Gesundheits... und auch Arbeitsamt

A jeder will noch etwas fragen
So geht's halt zu, an vielen Tagen

Doch glaub mir und gib endlich Ruh
Wenn's eine schafft... dann bist es du

Drum bleib ganz ruhig und gelassen
Musst nur noch den Gedanken fassen:

Das es da einen für dich gibt
Der für dich da ist...und dich liebt

Gutemooooorgenbussi

Die Mühlen des Camino

(Liedtext)

Sei bereit, denn irgendwann
Fängt jeder Stein das mahlen an

Und jeder Schritt den Mühlstein dreht
Das Korn in dir zu Mehl zergeht

Und Schritt zu Schritt zerbläst der Wind
Das Mehl, das aus den Steinen rinnt

Die Rille bricht das Korn entzwei
Der Stein er dreht sich, eins zwei drei

Du kommst nicht aus, du wirst es sehn
Den Weg. Du musst ihn weiter gehen

Gedanken, die du jetzt grad hast
Das Mehl, der Wind. Und es verblasst

Und all die Körner. Füg hinzu
Sonst hast du niemals deine Ruh

Gemahlen in des Tages Schritt
Den Blick nach vorn. Und nie zurück

Es mahlt und mahlt. Ein goldener Schatz
Denn nun hat etwas Neues Platz

Die Mühlen. Sie kann keiner sehn
Weil sie in deiner Seele stehn

Der Wind. Er bläst den Staub herbei
Und Mühlen drehen. Eins. Zwei. Drei

Armes Gürteltier

Es saß einmal ein Gürteltier
Auf einer Mauer und trank Bier

Da saß es dann, sah ganz verzückt
Wie Blume in die Arbeit rückt

Es dachte: Hey! Es dachte: Wow!
Das Blümchen iss ne hübsche Frau!

Und wär ich nur ein Menschenmann
Dann macht ich mich mal an sie ran

Doch weiß ich, ja, und das ist Schad
Dass sie schon einen Franzel hat

Den mag sie sehr, das glaube ich
Denn sie sagt ganz oft: Ich liebe dich

So saß das kleine Gürteltier
Und trank weiter an seim Zoiglbier

Gutemooooorgenbussi

Gute Nacht Gedicht

Die Nacht war lang. Der Morgen schön
Jetzt kann ich in mein Bettchen gehen

Das freut mich sehr. Ich hupf hinein
Und du musst raus. Und ich schlaf ein

Doch sag ich dir. Du liebe Frau
Das eine weiß ich ganz genau:

Allein im Bett. Das ist ein Mist
Ich will, dass du jetzt bei mir bist

Ich schlaf nur kurz und denke mir:
Ich will nur eins! Ich will zu diiiiir

Will mit dir kuscheln und auch küssen
Will nimmermehr dich je vermissen

Ich träum von dir. Ganz sicherlich
Und weiß nur eins: Ich liebe dich!

Gutemorgenbussi

Das Truthahn Gedicht

Ein Truthahn auf ´ner Luftmatratze
Ein Eisbär mit ´ner lila Tatze

Zwei Hühner und ´ne Mondrakete
Ne Dose und ´ne Jazztrompete

Ein Dreirad. Klein und grün und alt
Ein Nilpferd, das mit Blasen knallt

Ein Kuckuck, der im Fluge kuckt
Zwei Fliegen, die das Fliegen druckt

Sie rufen alle, Graus oh Graus:
Die Blume muss vom Bettchen raus

Sie muss jetzt aufstehen und gleich hupfen
Und im Büro die Zahlen rupfen

Doch halb so schlimm. Du hast ja mich:
Tja, Blümchen... nun..... ich liebe dich!

Gutemorgenbussi

Das Bier - Bär Gedicht

Ein Bier - Bär und ein Leguan
Die waren mal in Kasachstan

Dort trafen sie sich mit ´ner Maus
Und passten nicht ins Mäuse - Haus

So tranken sie ´ne Flasche Wein
Und gingen fröhlich wieder heim

Mir geht's so ähnlich, glaube ich
Den heute, ja, da seh´ ich dich

Daheim kann ich dich endlich küssen
Ich hab dich lieb! Das sollst du wissen!

Gutenmorgenbussi

Novalis

Wer Schmetterlinge lachen hört,
der weiß, wie Wolken schmecken,
der wird im Mondschein
so ungestört von Furcht,
die Nacht entdecken

Der wird zur Pflanze, wenn er will,
zum Tier, zum Narr, zum Weisen,
und kann in einer Stunde dann
durchs ganze Weltall reisen.

Er weiß, dass er nichts weiß,
wie alle andern auch nichts wissen,
nur weiß er was die anderen
und was er noch lernen müssen.

Wer in sich fremde Ufer spürt,
und Mut hat sich zu recken,
der wird allmählich ungestört,
von Furcht sich selbst entdecken.

Wer Schmetterlinge lachen hört,
der weiß wie Wolken schmecken,
der wird im Mondenschein, ungestört von Furcht,
die Nacht entdecken.

Gutenmorgenbussi! Das Gedicht iss nicht von mir.
Leider. Ich hab´s nur für dich ausgeliehen…. :-)

70

Das schöne Gedicht

Der Himmel singt ein Wiegenlied
So schön und gut und rein

Sanft geht es über Hügel her
Und geht in dich hinein

In deinem Herzen schmilzt es dann
Gibt deinem Leben Glanz

So leben und so fühlen wir
Das Blümchen... und der Franz

Gutemoooorgenbussi

Ein Radelbär Gedicht

Ein Radelbär der radelt gern
Das ist uns allen klar

Von Toblach übern Alpenkamm
Bis hin nach Sansibar

Er radelt in dein Herz hinein
Das hat er sich gedacht

Das soll er machen, soll so sein
Das wäre doch gelacht

So sind wir eins beim Radelfahrn
So sind wir du und ich

Du schaust herüber, wunderschön
Und sagst: Ich liebe dich!

Gutemoooorgenbussi

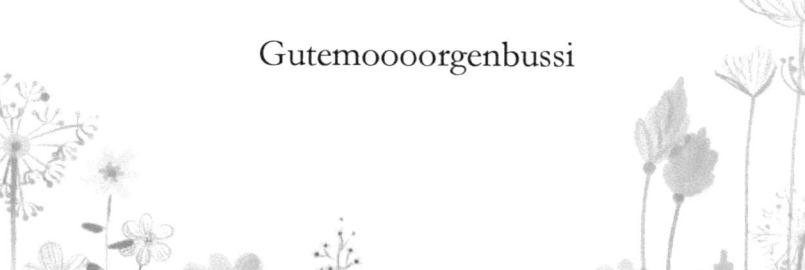

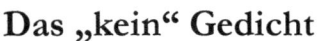

Das „kein" Gedicht

Dein Gedicht fällt heute aus
Ich bin erst rein, ins warme Haus

Fast zwei Stunden war ich unterwegs
Da will ich erst mal einen Keks

Und was zu trinken auch dazu
Der Winter iss ne blöde Kuh

Jetzt mampf ich was. Es tut mir leid
Für ein Gedicht… ist keine Zeit

Pamplona

Ein Bilderbuch wollt ich dir malen
Mit den Farben, die ich fand
Wollt, das deine Augen strahlen
Und das du siehst mein Wunderland

Wollt dir zeigen, wie ich bin
Du solltest meine Seele schaun
So tief bist du nun in mir drin
Kannst immer wieder auf mich bauen

Dein Haar mal ich mit goldnem Licht
Die Augen mit des Himmels Glanz
Dein Mund das Abendrot zerbricht
Das größte Glück, das ich je fand

An meiner Seite sollst du gehen
Mein Geschenk für dich allein
Sollst neben mir im Leben stehen
Die letzten Meter bei mir sein

Ich ging zurück den ganzen Weg
Mein Geschenk. Ich wollt´s dir geben
Ein Freund, der plötzlich vor dir steht.
Nimm´s an, es ist mein Leben

Doch verstandest du die Sache nicht
Lässt mich warten Stund um Stund
Der Krug. Er geht. Und er zerbricht
Und ich zieh ab. Fast wie ein Hund

Hast keine Zeit nach mir zu sehen
Ich lieg krank in fremden Haus
Kannst mich nicht brauchen. Ich soll gehen
Die Nacht so schwer. Und du gehst aus

Hab so gehofft, dass ich dich seh
Habs geschluckt. Und nicht gefragt
Doch du kamst nicht. Es tat so weh
Hab niemals was gesagt

Hab´s weggedacht, so weit es geht
War Prüfung. So wie´s eben ist
Das niemals zwischen uns was steht
Weil ich dich lieb, so wie du bist

Kannst du das auch? Es tun für mich?
Bist du dann da und bist du hier?
Es kommt der Tag, da brauch ich dich
Und stehst du dann zu mir?

Steh auf an diesem einen Tag
Steh auf und vor mich hin
Zeig, dass es Liebe ist, was du mir gibst
Und nimm mich an, so wie ich bin

Das ist, was ich von dir verlang
Steh auf und zeig mir dein Gesicht
Hab das gleiche doch für dich getan
Nur darum. Darum bitt ich dich

Gutemorgengedicht

Wenn Handys leise tröten
Und Wecker lauthals flöten

Wenn Klingeln plötzlich Ding Dong machen
Und Uhren dir im Traum erwachen

Wenn Radios alte Lieder singen
Zwei Katzen dir ein Lächeln bringen

Wenn Kaffee deine Sinne schreckt
Und dich belebt und dich erweckt

Dann kann es sein, dass du vergisst
Das heut´ der blöde Montag ist

Drum hör mir zu und hupf hinaus
Du wunderbare, süße Maus

Ich denk an dich und freue mich
Und Rufe: Maus, ich liebe dich!

Gutenmooooorgenbussi

Das grausliche Gedicht

Du liebe Frau, ja glaube mir
Ich hab´ heut meinen Spaß mit dir

Denn ich bleib liegen, du musst raus
Für mich ein Segen. Für dich ein Graus

Ich grins mir eins und dichte schnell
Denn draußen, ja, da wird´s schon hell

Kumm Weibi, heb dich aus dem Bett
Und hupf hinaus, das wär jetzt nett

Ich lieb dich so, es soll geschehen
Und ich bleib liegen… du musst gehen.

Gutenmorgenbussi... Huhu... Aufstehen!

Der Sturm

An einem kalten Wintertag
Ja, mitten im April
Da kam ein Sturm herangebraust
Und der tat dann, was er will

Er blies von Ost und auch von Nord
Der Wind wurd immer mehr
Er blies dann einfach alles fort
Und pfiff uns hinterher

Vorbei fliegt jetzt ein Trampolin
Zwei weiße Kühe hinterher
Aus Gummi fliegt da ein Delfin
Ich stehe da und staune sehr

Ein Hund fliegt zickzack übers Dach
Das iss ja wie im Märchen
Und an der Leine hinter ihm
Da fliegt ja auch sein Herrchen

Jetzt dreht der Wind ´ne alte Dame
Er hebt sie hoch und setzt sie hin
Ich bin schon froh, dass ich nicht draußen
Sondern hier herinnen bin

Mir gehen dann die Augen auf
Ich kann es gar nicht glauben
Es fliegen rückwärts nun vorbei
Drei Affen und zwei Tauben

Der Sturm hat uns jetzt fest im Griff
Das Trampolin, das fliegt
Der Wind treibt´s bis zum Mond hinauf
Auch wenn es sehr viel wiegt

Ein Bauer fliegt den Kühen nach
Und hinter ihm die Affen
Ich staune nicht. Ich schaue nur.
Ich kann es gar nicht fassen

Jetzt drückt der Wind das Fenster ein
Und holt mich aus dem Haus
Ich flieg und flieg im Mondenschein
Flieg in die Welt hinaus

Unter mir die Erd vergeht
Ich seh jetzt nur noch Meer
Ich bin schon weit. Das glaub ich fast.
Den Kühen hinterher

Ach Blümchen, Blümchen, hol mich raus
Aus meiner dummen Lage
Bevor der Wind mich fortgeweht
Und ich vor Gram verzage

Da unten. Ja ich glaub es kaum
Den Rattenberg seh ich da stehen
Ich flieg vorbei durch Zeit und Raum
Es hört nicht auf zu wehen

Oh weh, oh ach. Wie schad um mich
Doch eins, das sollst du wissen:
Du Blümchen, ja, ich liebe dich
Ich werd dich sehr vermissen

BLÜMCHEN HANDY: Unglaublich schön und lustig, du
musst auch noch einen Gedichtband veröffentlichen!

Das Grinse - Gedicht

Ein leichtes Grinsen im Gesicht, das hab ich...
Und schäm mich nicht

Denn ich lieg faul im Bettchen rum
Da geht mir was im Kopf herum

Was war denn das, was ist denn da?
Ach ja...das ist ja wunderbar!

Da fällt mir ein, du süße Maus
Du musst jetzt aus dem Bettchen raus

Du musst tapsen durch die Kälte schwer
Dich plagen mit den Zahlen sehr

Sei's wie´s will, sei's noch so schlimm
Ich leg mich jetzt zum Schlafen hin

Der letzte Ruf zu meiner Maus
Ist nur ein Wort... und das heißt: RAUS!

Montagsgedicht

Am Montag muss er fröhlich sein
Da haut er in die Tasten rein

Da blödelt er und tippt herum
Und was er schreibt ist manchmal dumm

Doch schreibt er auch ganz schöne Sachen
Mal zu denken. Mal zu lachen

Von Lesebären und von drei Mäusen
Von Kasachstan und Sturmgesäusen

Von Hühnern, Enten, Blümchennamen
Papageien, die aus Tibet kamen

So schreibt er hin und dichtet her
Schreibt Satz für Satz und immer mehr

Doch der schönste Satz, das finde ich
Ist immer noch: Ich liebe dich

Gutemoooorgenbussi

Das Wackel Gedicht

Guten Morgen, liebe kleine Frau
Das eine weiß ich ganz genau

Ich liege hier und du liegst dort.
Ein jeder liegt an seinem Ort

Für mich so schön, für dich ein Graus
Ich bleib hier liegen... du musst raus!

Das tut mir in der Seele weh
Wenn ich dich aussa hupfa seh

Nun wackel' mal in dein Büro
Und ich schlaf weiter...sowieso

Guten Morgen!

Komm… Hupf aussa! Es kommen nochmal Tage voller
Sonnenschein für uns! Glaube mir:

Nichts kann dir passieren. Wenn du fällst fange ich dich auf.
Und wenn ich dich nicht fangen kann, dann will ich mit dir
fallen.

I.t.d.u.d.t.m

Hinter Mauern möcht ich leben
Eingesperrt für mich allein

Keine Nacht soll es mehr geben
Keinen Tag. Kein Sonnenschein

Eine Maske will ich haben
Hinter ihr ist mein Gesicht

Keine Augen. Keine Fragen
Nicht zu sehen, was in mir zerbricht

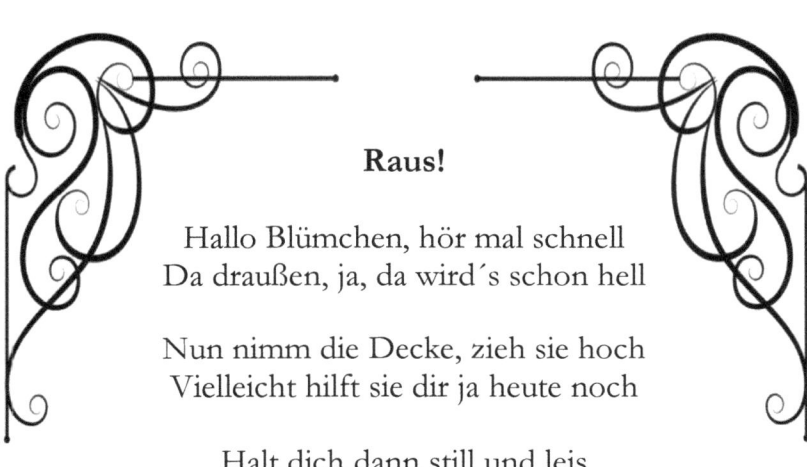

Raus!

Hallo Blümchen, hör mal schnell
Da draußen, ja, da wird´s schon hell

Nun nimm die Decke, zieh sie hoch
Vielleicht hilft sie dir ja heute noch

Halt dich dann still und leis
Damit auch niemand von dir weiß

Dann kannst du vielleicht liegen bleiben
Und musst nicht aus dem Bettchen scheiden

Doch weh und ach und welch ein Graus
Du bist erkannt und du musst raus

Aus Stube, Haus und aus dem Bett
Das finde ich heute gar nicht nett

Hinein in Kält und Arbeit gehen
Und deinen Mann... äh Frau... dort stehen

Ich liebe dich, oh Zuckermaus
Hör auf zu lesen... du musst RAUS!

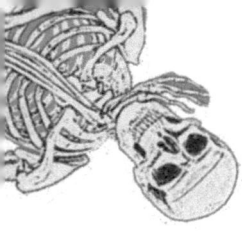
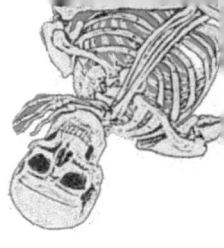

Das Messer

Jedem Menschen, dem du Vertraust

gibst du ein Messer in die Hand

Wenn du Glück hast,

verteidigt er dich damit

Wenn du Pech hast,

sticht er es dir in den Rücken

Verrat

Verraten wirst du nie von deinen Feinden

Verraten wirst du immer von denen,

die dir immer und immer wieder gesagt

haben…

Sie wären deine Freunde

Für die Narzissten

Ich glaube an den Teufel
Und an seine Macht
Und das er Menschen nimmt
Und zu Narzissten macht

Er scheißt auf einen Haufen
Und kotzt dann oben drauf
Dann pisst er einmal drüber
Und das Ding nimmt seinen Lauf

Ein paar Maden und auch Würmer
Die legt er noch dazu
Dann rührt er drin herum
Und was rauskommt… das bist du

Ein Mensch voll Gier und Lügen
Verdorben und gemein
Besessen nur von Neid
Denkst nur an dich allein

Männer nennt man Teufel
Und Frauen eine Hex
Die Welt wird so verdorben
Von Gier nach Geld und Sex

Ersaufen und verbrennen
Das wär ein Wohlgefallen
Die Welt braucht von euch keinen
In die Hölle mit euch allen

(Für Irmgard E. die zwei Narzissten überlebt hat)

Der Dieb

Du hast das Lachen gestohlen
Heut Nacht
So heimlich
Und so schlecht

Du hast das Leben gestohlen
Heut Nacht
So heimlich
Und so schlecht

Und ich hab schon blaue Flecken vom Weinen
Bis ganz tief rein

Du hast die Träume gestohlen
Heut Nacht
So heimlich und so schlecht
So dreckig und so feige. Während ich schlief
Hast mir alles genommen
Hast mir alles gestohlen und gabst mir keine Chance

Du hast mir den Weg genommen.
Ich kann ihn nie mehr gehen

Ich hab schon blaue Flecken vom Weinen
Bis ganz tief rein
Und du hast gelacht
Als das Kind gestorben ist

In dieser Nacht
In dieser Nacht
Warum bin ich da nicht aufgewacht

Der dunkelgraue Christmas Blues

Drei Tage im Dezember bald
Für euch ein Traum. Für mich so kalt
Allein in einem Zimmer sitzen
Drei Zeichen in die Haut mir ritzen

Kein Kochen, Werkeln, Tische decken
Nur Tod und Kälte und Verrecken
Im Neonlicht den Atem sehen
Wozu dann Leben? Ich will gehen

Bin müd, so müd, kann nicht mehr leben
Zuviel. Zu viel. Hab ich gegeben
Bin leer, so leer. Bin ausgenommen
Ein toter Fisch. Kann nicht entkommen

Das Leben schwer wie Blei schon fast
Ein Todesengel. Stets mein Gast
Ein kleiner Schritt. Ein kleines „Ja"
Dann bleibt er hier. Dann bleibt er da

Der Tod mein Freund? Kann das so sein?
Warum auch nicht? Bitt ihn herein
Gott hilf mir. Bitte! Niemand hier
Ach Weihnacht! Ich hab Angst vor dir

Gott hilf mir. Bitte! Kann nicht mehr
Das Leben ist mir viel zu schwer
Gott hilf mir! Bitte! Niemand hier!
Ach Engel! Ich Angst vor dir

Manchmal bleibt am Himmel nur ein Stern

Ein verwehtes Bild erster Schritte
Kleine Füßchen auf einer Blumenwiese
Ein suchendes Gefühl nach einem Kind, das lacht

Der Prinzenschnuller wird nie gebraucht
Der Feenhimmel liegt ungenäht im Schrank
Und all die Lieder, die wir singen wollten,
werden niemals sein

Heute wärst du fast ein Jahr

Und ja… Manchmal bleibt am Himmel nur ein Stern
Ein Stern… ein Kind… ein Sternenkind…

Ach, Inge, Inge. Halt ihn fest
Halt ihn fest in deinem Arm
Er gehört zu uns. Wie du und ich
Ach Inge, dafür bete ich

Für Felix

Vadda
(Liedtext)

Vielleicht war des no dreiasibazg, i woas nimma genau

Erinnerungen de dand so weh, wenn i so zruggaschau

Händ so groß wiea Pfannakuacha, streicheln durch mei Gsicht

A Lächeln und a Sonnenstrahl, der wo durch d Woikn bricht

Du host imma a Lösung ghabbt, warst oiwei do fir mi

Dei Mützn und da Pfeiftabag, i war so stoiz auf di

Mid elfe binne an Buidog gfahrn, du host ma zeugt, wias gehd

En da Schui, do war i ned so guad, doch gschimpft host du mi ned

Vadda Vadda, s Lem is wia a Spui

Manchmoi griagt ma zweng und manchmoi griagt ma zvui

Und woast as no dann simmasibazg, d´ Mama war grod gschtoarm

Mir zwoa sitz ma am oidn Disch, ah das uns Gott dabarm

92

A ganze Stund schaust du mi oh, und koana spricht a Wort

Und ohne Muadda is sogar . . . Dahoam a koita Ort

Vadda Vadda, s Lem is wia a Spui

Manchmoi griagt ma zweng und manchmoi griagt ma zvui

Mid sechzehn war i nia dahoam, Vadda i woit lem

Mid achtzehn hob ich Feste gfeiert, sog konnst ma des vagem?

Woast as no, dann zworaneizg, mei Bua kimmd auf die Waid

Du warst bestimmd da allerbeste Opa, weid und breit

Mit einem Lächeln sagst du mia: „Mei Franz, des muast vasteh

Wenn a Junga nachakimmd, dann muas a Oida geh"

Vieraneizg, der Dog, ja, du woast scho wos i moan

Do legst dei Hand in meine nei, und ich hob so vui gwoand

„Pfiade Bua, mochs guad dawei" …des war dein letztes Wort

Dann mochst du deine Augen zua und gehst für imma fort

Vadda Vadda, s Lem is wia a Spui

Manchmoi griagt ma zweng und manchmoi griagt ma zvui

Heid bin i so oid wia du und ich kannt dich guad vasteh

Ich dank dir für die Liebe und i sog leis auf wiedersehn

Und obs du etz em Himme bist, woas koana so genau

Geh las an Stern aufblitzn, wenn i en Himme auffe schau

Ja... Obs du jetz em Himme bist, woas koana so genau

Geh Baba, las an Stern aufblitzn, wenn i heid Nacht…

Zu dir in Himme auffe schau…

Vadda Vadda, s Lem ja des is so wia a Spui

Und manchmoi griagt ma mehra, als wia ma wirklich wui

Vielleicht heast me no
(Liedtext)

Renga duads. I geh ned weg
I bleib no do. De Händ im Dreck
Da Stoa der glänzt. Dei Nam steht dran
I bleib bei dir. I bleib no lang

Und I red und i dua und i loch
Und I sing und I woan und I moch

I bin do. I bin do I bin do. Mama!
Schaug me oh , schaug me oh, schaug me oh

I gnia voa deim Bett. Mir schaun de Stern
Du soggsd zu mia. I hob di gern
I gnia voam Bett. I schaug di oh
Du wiast boid geh. Und I bleib do

Und I red und I dua und I loch
Und I sing und I woan und I moch

I bin do. I bin do I bin do. Mama!
Schaug me oh , schaug me oh, schaug me oh

I bin do , I bin do , I bin do
I schrei so laud… wia I ko, wia I ko…

Vielleicht heast me no…

Mama... vielleicht heast me no…

Weiße Woikn
(Liedtext)

Wia a Monsta bin i in deine Augn
Du wuist ma ned amoi ens Gsicht mehr
eineschaun

Am Disch beim Essn. Koana spricht a Wort
Es is so koid herin und i wui einfach fort

Hob alles doan fia di. Hob so vui für di baud
War imma do fia di, hob imma auf dich gschaud

Hob alles doan fia di. Und i vosteh des ned
Wias so weid kemma ko, das einfach nimma
gehd

Weiße Woikn. Ziang dort om dahi
Weiße Woikn. De wartn heid auf mi

Weiße Woikn. Und a oida Baam
Weiße Wiokn. I kimm heit Nacht ned ham

Dei Hand an meina Brust. So koid san deine
Augn
Du suachst an Vorwand und du wuist ma nimma
draun

Und unta meine Fiaß. Zabreasld unsa Haus
I griag koa Luft mehr. Und i wui do bloß no raus

Weiße Woikn. Und a oida Strick
Weiße Woikn san des letzte wos i sig

Weiße Woikn. Und a oida Baam
Weiße Wiokn. I kimm heit Nacht ned ham

Düsenjäger

Düsenjäger. Düsenjäger.
Fliegt durch mein Gehirn

Immerzu und Tag und Nacht
Hinter meiner Stirn

Ein Arzt sagt, es wär Tinnitus
Ich müsste damit leben

Ich hab schon viel zu viel
Für´s Leben hin gegeben

Pfeifen, Pfeifen. Hör doch auf!
Lass mich doch endlich gehen

Ich kann nicht mehr. Ich kann nicht mehr
Kannst du es nicht verstehen?

Grausamer Gott. Wenn es dich gibt
Warum dann immer ich?

Grausamer Gott. Wenn es dich gibt?
Warum, warum nur hasst du mich?

Ein einzig Mal. Möcht ich mal Glück
Kannst du es mir nicht geben?

Ein einzig Mal. Ein einzig Mal
Ein einzig Mal im Leben

60 Jahre und kein bisschen Weise
(Liedtext)

I war so lang auf da foischn Seitn
Und as Lem. Es geht so schnej vorbei

I hob ma denkt, i konn des Lem grod hoidn
Und i hob glaubt, es kannt für imma sei

I war so lang auf da foischn Seitn
Falsche Wörter. Aus an falschen Mund

Da Deife, der wollt scho so oft auf mir reitn
Manchmoi hod s me beidld. Wia an Hund

De Zeid konn renna. Koana konns mehr
zruggdrahn
So fui anders. So fui war dann guad

So fui Sachn. Stengan auf da Rechnung
So fui Zeich. Und so fui oide Wuad

Und wia a Schiff. Mid große, weiße Segl
A Lem lang gfahrn. Und doch ned gwusst, wo hi

A s Lem vageht. Und langsam zeigt der Kompass
Auf des Zui. Zum letzten Hafen hi

Schmetterling

Ein Schmetterling. Den trägt ein Wind
Hinauf zu einem Sternenkind

Die Angst besiegt. Im Wunderland
Die Hand am Abzug. Kein Verstand

Ein Druck. Ein Knall. Zerfetzt die Nacht
Kein Schmerz. Kein Licht. Habs ausgemacht

Die Angst. So einfach überwunden
Erlösung. Hat man dann gefunden

Im selben Nichts. Im selben Sein
Wie vor dem Leben. Geht man heim

Das Gehen leicht. Es ist kein Schmerz
Man spürt´s nicht mehr. In seinem Herz

Ein Schmetterling. Den trägt ein Wind
Hinauf zu einem Sternenkind

Ein Haus

Ich hätte gern ein Haus
Ach, hätt ich gern ein Haus
Weit draußen

Wo mich keiner findet
Wo mich keiner weiß
Nur für mich allein

Ein Haus
Wo mich keiner findet
Wo mich keiner weiß

Epilog

Von Irmgard E.

Nun... das waren jetzt fast einhundert Seiten

„Gefühle"

Angefangen vom purem Leben und den höchsten und ehrlichsten Gefühlen, die ein Mensch für einen Menschen haben kann... nämlich der „Liebe"... bis hin zur Enttäuschung, Depression, Verzweiflung und dem Suizidgedanken.

Passt auf euch auf.

Dass ihr niemals einem Narzissten oder einem Soziopathen begegnet. Und das er euch nie belügen, benutzen oder verführen kann.

Falls du doch einem begegnest und dich von ihm einwickeln lässt:

Viel Glück!

Wenn du stark bist, überlebst du es…
Wenn nicht... wünsch ich dir eine gute Reise...

Was ist Frieden?

Frieden: Ein Zustand der Stille. Der heilsamen Abwesenheit von Lärm oder lauten Geräuschen. „Friedlich" nennt der Dichter ein Land, das im Morgengrauen erwacht.

Als Frieden bezeichnet man aber auch die Situation, die folgt, wenn zwei Parteien in Streit geraten sind und nicht mehr streiten wollen oder nicht mehr streiten können. Dann machen sie „Frieden".

Wie lange sie auch streiten, kämpfen, sich zerschlagen oder sich das Leben schwer machen.

Am Ende bleibt: Der Frieden.

Man kann um Nichtigkeiten, um Geld, um Ehre, um Land oder um sonst was kämpfen.

Am Ende bleibt: Der Frieden.

Man kann dreißig Jahre Krieg halten. Man kann ganze Nationen, Nachbarn, Eheleute, Familien und sogar die ganze Welt in Streit und Krieg stürzen.

Doch am Ende bleibt immer wieder: Der Frieden.

Warum die Menschen so sind? Warum sie den Krieg brauchen, um den Frieden zu finden? Ich weiß es nicht. Warum sie stehlen, zerschlagen, quälen und dem anderen alles nehmen? Ich weiß es nicht.

Ich weiß nur, dass die Menschen sehr lange brauchen, um Frieden zu finden, aber sehr wenig Zeit benötigen, wenn es darum geht, einen Krieg auszulösen. Und ich weiß auch, dass zu einem Krieg immer zwei gehören. Und das niemals einer allein schuld ist.

Ich weiß, dass die Menschen „ihren" Krieg pflegen und fortsetzten und dem anderen immer wieder wehtun wollen.

Und ich weiß auch, dass das ein Teufelskreis ist.

Ich weiß, dass unter jedem Streit nur die Kinder, die Söhne und die Töchter leiden müssen.

Ich weiß aber auch:

Wenn der Hass der Vater des Krieges ist, dann muss die Liebe der Nährboden des Friedens sein.

Dass ihr mich jetzt wegen meiner Sentimentalität auslacht, mag sein. Mir ist es egal. Und wer in dieser Situation, in der wir uns heute befinden, immer noch über einen wie mich lachen kann oder schlechte Gedanken hat, der sollte wirklich mal über sich selbst nachdenken.

Ich denke: Wenn am Ende immer wieder der Frieden steht... so wie auf den Regen immer wieder die Sonne kommt... Warum gibt es dann den Krieg? Dann ist der Krieg doch sinnlos?

Dann wäre es doch einfach, nie wieder Krieg zu halten und für immer nur den Frieden zu pflegen?

Oder wollen wir den anderen Weg gehen? Willst du für immer Krieg halten?

Ich denke... das wird keiner von uns auf die Dauer überleben. Keiner hat so viel Kraft.

Weil der Krieg uns alle zerstört. Er macht alles kaputt. Er quält und tötet und er lässt uns leiden.

Dich. Mich. Und uns alle. Krieg macht tot.

Nun....

Wie funktioniert der Frieden?

Es ist einfach: Zwei, die streiten, müssen aufhören, ihre schlechten Gedanken in den anderen zu projizieren. Das heißt: Sie müssen aufhören, zu hassen.

Sie müssen sich verständigen und miteinander reden. Und vor allem: Sie müssen sich selbst versprechen, dem anderen nie mehr weh zu tun.

Nicht dem anderen muss man es versprechen... Nein.... Sich selbst. Dass ist das Geheimnis. Den Friedensvertrag kannst du niemals mit deinem Gegner schließen. Du musst ihn immer mit dir selber machen.

Und alle beide müssen sich daran halten.

Jeder von den beiden darf dann in Frieden leben. Das heißt... der andere schaut nicht mehr über den Zaun und regt sich auch nicht mehr über das auf, was der andere gerade tut, was er macht, wen er besucht oder was kann und was er hat.

Und… Man muss auf materielle Werte verzichten. Und das ist wohl das schwerste. Weil der andere vielleicht das besitzt, was einmal dir gehört hat. Und du vielleicht gar nichts mehr hast.

Und wieder ein Geheimnis:

Akzeptiere, dass du verloren hast und lebe einfach weiter. Akzeptiere, dass der Frieden wichtiger ist, als alle materiellen Werte, die man dir genommen hat.

Das hört sich an, wie ein dummer Spruch aus dem Internet, und vielleicht ist es auch einer… aber sei gewiss:

Der, der nehmen muss, um reich zu sein, der bleibt für immer arm. Weil sein Geist nie erfassen wird, dass er alles verliert, wenn er den anderen immer nur nimmt. Weil er dann die Liebe verliert. Die Liebe, die um so viel wertvoller gewesen wäre, als das, was er dir genommen hat.

Nur so funktioniert es.

Und… Was manchmal sehr schwer ist:

Einer muss anfangen.

Fazit:

Ich wähle jetzt den Frieden.
Jetzt und hier.

Ich wähle den Frieden und gelobe für alle Zeit, nie mehr etwas für den Teufel oder den Krieg zu tun.

Rosa Luxemburg hat einmal gesagt: Frieden zu machen ist einfach. Ihn zu halten, ist schwer.

Helft mir dabei und macht mit.
Dann werden wir Frieden haben.
Einfach nur Frieden.
Für immer und für ewig Zeit.

Legt eure Waffen nieder und fangt an, neu zu denken.

Ich weiß....

Für den einen oder anderen mag es hundertmal schwerer sein. Vielleicht muss er über sich selber springen und sich befreien. Versucht es. Es ist nie zu spät. Besiegt euch. Denn der wahre Feind wohnt immer in euch selbst. Die Menschen nennen ihn Neid, Gier und Hass.

Seht zu, dass diese drei niemals eure Meister werden. Seht zu, dass ihr eins werdet mit euch selbst.

Dann braucht ihr weniger materielle Werte und die Gier in euch versiegt.

Wenn Hass und Neid in euch wohnen, sperrt sie aus und lasst die Liebe in euer Herz. Und noch was...

Wartet nicht darauf, dass „die da oben" das für euch machen und euch sagen, dass es getan ist. Nein. Ihr müsst selbst damit anfangen. Ganz im Kleinen.

Bei dir und bei mir. Bei unserem Nachbarn. Bei unserem Nächsten. Und in unseren Familien.

Denn nicht dort „oben" ist die Welt. Nein. Der Kern der Welt wächst in euch. In euren Händen. In euren Familien. In euch selbst. Es sind unsere Kinder.

Hass, Gier und Neid gibt so manchem Menschen sehr viel Kraft und Einfallsreichtum... Man nennt diese Menschen dann Narzissten oder Soziopathen. Und so mancher von denen wird deswegen mächtig und reich und steigt nach oben wie ein blinder Adler.

Wer aber die Liebe in sich trägt, der braucht keinen Adler. Der kann selber fliegen. Und er bleibt dabei... immer noch ein Mensch.

Franz Hirmer

Ende

Die Liebe ist ein gelber Pfeil, der nach Westen zeigt
Das Buch über den Jakobsweg

von Franz Hirmer

388 Seiten
ISBN-13: 9783754349922
Verlag: Books on Demand
Sprache: Deutsch / Mit vielen farbigen Bildern

Aus einer Kundenrezession:
Dieses Buch vom Camino in Spanien hat mich so oft berührt,
manchmal durfte ich sogar weinen. Habe mitgefühlt,
mitgezittert, mitgelitten, gestaunt, die Natur vor mir gesehen,
mich mit Franzisco gefreut wie ein Kind und war mit jedem
einzelnen Wort ganz nah DABEI, auf diesem Jakobs-Lebens-
Weg. Ich ziehe meinen Hut vor dem Autor! Danke!
Eine Leserin aus Österreich